G. LACOUR-GAYET

DE L'ACADÉMIE DES SCIENCES MORALES ET POLITIQUES

UNE PAGE INÉDITE

DE L'HISTOIRE DES

ÉTATS DU LANGUEDOC

EN 1750

D'APRÈS LES ARCHIVES DE LA FAMILLE
DES MONSTIERS DE MÉRINVILLE

PARIS

LIBRAIRIE FÉLIX-ALCAN

108, BOULEVARD SAINT-GERMAIN, 108

1927

G. LACOUR-GAYET

DE L'ACADÉMIE DES SCIENCES MORALES ET POLITIQUES

UNE PAGE INÉDITE

DE L'HISTOIRE DES

ÉTATS DU LANGUEDOC

EN 1750

D'APRÈS LES ARCHIVES DE LA FAMILLE
DES MONSTIERS DE MÉRINVILLE

PARIS

LIBRAIRIE FÉLIX ALCAN

108, BOULEVARD SAINT-GERMAIN, 108

1927

Extrait des *Séances et Travaux de l'Académie des Sciences morales et politiques*, n° de janvier-février 1927.

DE L'HISTOIRE DES ÉTATS DU LANGUEDOC EN 1750

D'APRÈS LES ARCHIVES
DE LA FAMILLE DES MONSTIERS DE MÉRINVILLE

Rieux-Minervois est une commune du département de l'Aude (arrondissement de Carcassonne, canton de Peyriac-Minervois) qui, sans parler de sa richesse en vignobles, offre autant d'intérêt pour l'archéologue que pour l'historien.

Son église, qui est classée comme monument historique, est un des plus curieux édifices religieux du Languedoc. Mérimée l'a signalée en 1835, dans ses *Notes d'un voyage dans le Midi de la France*. « Sa forme circulaire, dit-il, et quelques-uns de ses détails lui donnent une grande ressemblance avec l'église du Temple de Londres, et il serait intéressant de rechercher si elle a été construite en effet pour une commanderie de cet ordre. Les églises circulaires, ou dont le plan est un polygone inscrit dans un cercle, sont fort rares en France. En général, elles paraissent avoir été bâties à l'imitation du Saint-Sépulcre de Jérusalem, et c'est probablement pour cette ressemblance que les Templiers ont souvent adopté cette forme. » L'édifice remonte sans doute à la fin du XIIe siècle ; il se peut qu'il ait été construit par le seigneur de l'endroit, en commémoration d'un pèlerinage à Jérusalem.

L'intérieur forme un polygone à sept pans ; trois colonnes

et quatre piliers de 6ᵐ,50 de hauteur, disposés circulairement, supportent, au moyen d'arcades cintrées, une coupole légèrement ovoïde. Autour des colonnes et des piliers règne une muraille, qui forme une nef circulaire et qui se joint au dôme central, par une voûte en quart de cercle, de manière à lui servir d'arc-boutant. Quatorze colonnes, rattachées entre elles par des arceaux en plein cintre, sont adossées à la muraille circulaire qui forme l'enceinte de l'édifice. Des fenêtres très petites ont été percées dans l'épaisseur de la voûte circulaire. Un clocher à sept pans, peu élevé au-dessus de la coupole, possède aussi des fenêtres étroites à plein cintre. En un mot, l'ensemble de l'église ronde de Rieux-Minervois en fait un type fort élégant du style roman à la belle époque, à l'époque même où l'on terminait à Paris l'église Saint-Germain des Prés. Plus tard, au xivᵉ siècle, des chapelles, de style gothique, ont été ajoutées sur le pourtour de l'église.

Le bourg de Rieux-Minervois, qui compte aujourd'hui plus de deux mille habitants, ne remonte pas sans doute à une haute antiquité; il se peut qu'il doive son origine à l'église même, des habitations s'étant peu à peu groupées autour de ce centre religieux. Au xvᵉ siècle, on signale à Rieux un château, qui était « grandement fort d'assiette; » le château actuel ne paraît pas être antérieur au règne de François Iᵉʳ, la partie principale étant de l'époque de Henri IV et de Louis XIII.

Au milieu du xviiiᵉ siècle, Rieux faisait partie du diocèse de Narbonne, du parlement de Toulouse, de la généralité de Montpellier, de l'intendance du Languedoc, de l'archiprêtré du Minervois. C'était le siège d'une baronnie des états de Languedoc, qui a porté plusieurs noms. Le nom de Rieux avait été remplacé, sous le règne de Louis XV, par celui de Mérinville; celui-ci est le nom d'une terre beauceronne (aujourd'hui Mériville, arrondissement d'Étampes, Seine-et-Oise) qui était entrée par mariage dans la maison des Monstiers, dits dès lors Monstiers de Mérinville et devenus barons de Rieux. Pendant l'époque révolutionnaire et impériale, l'ancienne paroisse de Mérinville s'appela la commune de Rieux-Minervois. Un arrêté préfectoral, du 30 août 1814, lui fit reprendre le nom de Mérinville. Enfin, une ordonnance de Louis-Philippe, en date du 31 mars 1838, décida que la commune de Mérinville, arrondissement de Carcassonne, département de l'Aude, prendrait de nouveau le nom de Rieux-Minervois; elle est toujours en vigueur. On peut regretter, au point de vue de l'histoire locale, qu'on ait fait disparaître de la carte du Languedoc le nom de la famille des Mérinville, qui avait tenu une grande place dans les annales de la province.

*
* *

La seigneurie de Rieux-Minervois a été possédée sans interruption, depuis 1640 jusqu'à l'abolition des institutions seigneuriales en 1789, par la maison des Monstiers de Mérinville. Cette famille est établie, à partir du début du xiii° siècle, sur la terre du Fraisse, dans le haut Poitou, aujourd'hui département de la Haute-Vienne, canton de Mézières-sur-Issoire. Les archives très importantes du château du Fraisse ont été classées, il y a quel- années, par le père du propriétaire actuel, François-Jean-Louis marquis des Monstiers de Mérinville. Nous devons à l'obligeance de son fils, M. François-Louis-Guillaume marquis des Monstiers de Mérinville, la connaissance des documents qui sont cités au cours de cette étude; ils sont extraits des archives de Fraisse.

Sans nous occuper ici de l'histoire de la famille des Monstiers, rappelons du moins le nom de l'un de ses membres, Jean des Monstiers, seigneur de Froissac, évêque de Bayonne sous le règne de Henri II; son souvenir est attaché à un grand fait de notre histoire territoriale. Il est connu, en effet, par son ambassade auprès des princes de l'Empire et par la convention qu'il passa en 1552 avec l'électeur Maurice de Saxe; on sait que le fruit de cette convention, ce fut l'acquisition par Henri II de Metz, Toul et Verdun.

En 1640, le chef de la famille, François des Monstiers, comte de Mérinville, seigneur du Fraisse, lieutenant général du gouvernement de Provence, épousa une riche héritière, Marguerite de La Jugie, comtesse de Rieux; une condition de ce mariage était que le fils aîné serait titré comte de Rieux et qu'il porterait les armes de la maison de Rieux, parties avec les armes de la maison de Mérinville. Ce François des Monstiers devint ainsi la souche d'une nouvelle maison de Rieux, qui subsista jusqu'à la Révolution dans cette baronnie du Languedoc; lui-même obtint des lettres patentes de Louis XIII, en juin 1642, qui lui reconnaissaient le titre de baron des états du Languedoc pour la baronnie de Rieux.

En 1707, la terre de Rieux était sortie de la famille des Monstiers. Le propriétaire de cette époque, Gaspard des Monstiers, comte de Mérinville, qui avait hérité de son frère aîné le gouvernement de Narbonne, avait été forcé, à la suite de mauvaises affaires, de vendre sa terre de Rieux; l'acquéreur avait été Samuel Bernard, le plus puissant banquier de l'Europe. Celui-ci avait eu pour héritier, dans cette terre languedocienne, son second fils, Bernard de Rieux, président des enquêtes au parlement de Paris, qui gaspilla en folies de tout genre les millions paternels. Cependant, un Mérinville, fils de Gaspard, avait rétabli la fortune de la famille; il obtint en 1739 un arrêt du parlement de Paris, qui lui permettait le rachat de la terre de Rieux; comme baron de Rieux, il allait être appelé, quelques années plus tard, à jouer un rôle personnel aux états du Languedoc.

Il s'appelait François-Armand des Monstiers, marquis de Mérinville, comte de Rieux, seigneur de La Livinière, Férals, Fief-Madame et autres lieux ; il avait succédé à son père au gouvernement de Narbonne. Mestre de camp en 1736, à trente ans, maréchal de camp et chevalier de Saint-Louis en 1740, il avait fait plusieurs campagnes dans la guerre de la Succession de Pologne et dans la guerre de la Succession d'Autriche ; ainsi, il avait pris part aux sièges de Kehl et de Philipsbourg, avec le maréchal de Berwick, à la bataille de Dettingen, avec le maréchal de Noailles. Il avait commandé en Flandre, jusqu'à la paix d'Aix-la-Chapelle, en 1748, le Royal-Pologne cavalerie ; il s'était alors retiré du service. A partir de cette époque, il allait employer la plus grande partie de sa vie aux affaires de la province du Languedoc ; elles avaient pour lui un intérêt tout particulier, à cause de la baronnie dont il était titulaire.

*
* *

Un certain nombre de provinces de l'ancienne France avaient conservé l'usage d'avoir des assemblées locales qu'on appelait les états provinciaux ; composées des représentants des trois ordres de la province, elles auraient pu jouer un rôle intéressant, si les progrès continus de la centralisation monarchique ne les avaient pas réduites, peu à peu, à ne plus être guère autre chose que des assemblées d'enregistrement. La principale raison de leurs réunions périodiques était le vote de diverses contributions, notamment de celle à laquelle un euphémisme administratif avait conservé le nom de don gratuit. Ce vote était une sorte de comédie réglée à l'avance entre le gouverneur et l'intendant d'une part, les membres des états d'autre part ; elle ne trompait personne ; mais elle flattait les vieilles traditions d'indépendance provinciale, en paraissant les respecter. D'une manière générale, le mécanisme financier était, ou semblait, moins oppressif dans les pays d'états que dans les autres provinces; Fénelon disait qu'on n'y était pas moins soumis qu'ailleurs, mais qu'on y était moins épuisé. La formule de Tibère, que l'art du berger est de tondre le troupeau sans l'écorcher, était à peu près la vérité dans les provinces qui avaient conservé des assemblées locales.

Les états du Languedoc comptaient vingt-trois membres du clergé (à savoir, trois archevêques et vingt évêques), vingt-trois membres de la noblesse (à savoir, un comte, un vicomte et vingt et un barons, dont le baron de Rieux), et soixante-six membres du tiers état, députés des chefs-lieux diocésains et de quelques autres villes, soit au total cent douze membres. Une particularité intéressante, c'est que les soixante-six députés du tiers état languedocien ne votaient que pour quarante-six voix, nombre égal à celui des deux premiers ordres; le tiers état n'en avait pas moins le bénéfice de la double représentation provinciale, bien avant que cette question ne fût posée pour la représentation aux états généraux.

Rien n'était décoratif comme la session des états du Languedoc, qui se tenait tous les ans à Montpellier, sous la présidence de l'archevêque de Narbonne, président-né. Villars, qui avait commandé dans cette province, en a parlé avec complaisance. « La séance des états du Languedoc, dit-il, est la plus belle du royaume. Celui qui les tient, et qui occupe la place du Roi, est sur un trône élevé de quatre marches, ayant à ses pieds son capitaine des gardes. Dans une très grande salle est élevé un théâtre (une estrade), qui occupe trois des côtés de cette salle. Les trois archevêques et les vingt évêques de la province sont à la droite du trône; le lieutenant général, l'intendant et les commissaires du roi sont à la gauche; ensuite, les vingt-trois barons, ou ceux qui les représentent. Dans le milieu de la salle, en bas, est le tiers état. Et tout cela est fermé par une balustrade. Le reste de la salle est rempli de tout le peuple; mais il y a, derrière les barons et les évêques, des échafauds où se placent les dames et les personnes distinguées. »

Le rôle et l'importance des états du Languedoc étaient-ils en rapport avec cette mise en scène théâtrale? L'auteur de l'*Ancien Régime et la Révolution* a écrit un chapitre spécial sur ce sujet, qui est un témoignage très favorable. « Plus j'étudie, dit-il, les règlements généraux établis avec la permission du Roi, mais d'ordinaire sans son initiative, par les états du Languedoc, dans cette portion de l'administration publique qu'on leur laissait, plus j'admire la sagesse, l'équité et la douceur qui s'y montrent; plus les procédés du gouvernement local me semblent supérieurs à tout ce que je viens de voir dans les pays que le roi administrait seul... On peut dire que, pendant tout le dernier siècle (le XVIIIᵉ)', le Languedoc a été administré par des bourgeois, que contrôlaient des nobles et qu'aidaient des évêques. »

L'opinion louangeuse de Tocqueville n'est point celle d'un autre de nos confrères, M. Marcel Marion. Dans son savant ouvrage, *Machault d'Arnouville*, M. Marion estime que les membres du clergé étaient comme les maîtres des états, et que les autres membres étaient un peu sous leur « esclavage, » suivant le mot d'un intendant, parce que le haut clergé était, dans la province, le grand distributeur des places lucratives. D'autre part, les membres de la noblesse ne passaient pas pour apporter aux affaires une compétence bien éclairée. L'intendant Saint-Priest écrivait au contrôleur général Machault (8 décembre 1752) : « Vous seriez étonné de voir à quel point les lumières de ceux qui composent cet ordre (la noblesse) sont bornées pour tout ce qu'on appelle affaires. » M. Marion, à qui cette citation peu aimable est empruntée, observe justement que les titulaires se faisaient souvent représenter par des gentilshommes peu fortunés, porteurs de leurs procurations et qui touchaient, de ce fait, une part de la rémunération garantie aux membres des états.

***

Il nous reste à parler du rôle intéressant, et jusqu'ici ignoré, que le comte de Mérinville joua dans la session des états du Languedoc de l'année 1750.

Ce fut une session orageuse ; l'histoire générale en a été racontée en dernier lieu par M. Marion, dans son livre sur Machault. Ce contrôleur général avait fait rendre un édit au mois de mai 1749, qui fut registré en parlement le 19 du même mois ; l'article III en était ainsi conçu :

« Voulons qu'à compter dudit jour, 1er janvier 1750, le vingtième soit annuellement levé à notre profit sur tous les revenus et produits des sujets et habitants de notre royaume, pays, terres et seigneuries de notre obéissance, sans aucune exception. »

Si Saint-Simon avait prolongé ses *Mémoires* jusqu'à cette date, il aurait répété sans doute le mot de « drogue bursale, » préparée par « le bureau d'anthropophages, » qu'il avait appliqué à des mesures analogues du règne de Louis XIV. Le dixième de 1710, de fâcheuse mémoire, se justifiait par la nécessité de la guerre de la Succession d'Espagne ; mais le vingtième de 1749 s'établissait en pleine paix, au lendemain d'une guerre victorieuse. C'était, en effet, la guerre de Fontenoy et de Berg-op-Zoom, terminée d'ailleurs par un sot traité, le traité d'Aix-la-Chapelle ; on sait le mot qui fut alors en circulation : « Être bête comme la paix. »

Il s'agissait pour Machault d'obtenir le consentement des divers états provinciaux, formalité qui était à peu près de style. Cependant, les choses ne devaient pas aller toutes seules ; car les sujets de Sa Majesté, pour loyaux qu'ils fussent, accueillirent sans enthousiasme une imposition nouvelle ; établie non pas pendant les hostilités, mais en pleine paix, n'allait-elle pas avoir le caractère d'une imposition permanente et non plus extraordinaire ?

La session des états s'ouvrit à Montpellier le 5 février (1750). Pour brusquer les choses, le contrôleur général avait demandé que les états fissent tout de suite la remise à l'intendant des rôles du dixième, pour que celui-ci procédât sans retard à l'établissement des rôles nouveaux. L'émoi fut grand dans l'assemblée, qui commença à élever des protestations. Des remontrances furent rédigées et communiquées au maréchal de Richelieu, lieutenant général et commandant en chef en Languedoc, qui, dans l'occurrence, faisait fonction, avec l'intendant Le Nain, de commissaire du roi. Les ordres du roi étaient formels : la délibération sur le don gratuit en la manière accoutumée, puis sur les articles des instructions ministérielles ; après quoi, Sa Majesté consentirait à recevoir les remontrances. L'archevêque d'Albi, Dominique de La Rochefoucauld, essaya en vain de prévenir une rupture. « Impossible de croire, dit-il, que les intentions de Sa Majesté soient que les états violent eux-mêmes des privilèges dont ils sont dépositaires et dont ils ont juré la conservation ; privilèges qui ne sont pas moins utiles au service du roi dont les états sont les fidèles sujets qu'avantageux aux peuples dont ils sont les pères et les tuteurs. » La réponse de Richelieu, en date du 17 février, fut la défense, faite au nom du roi, de « tenir aucunes assemblées générales ni particulières, pour quelque cause ou dans quelque lieu que ce soit. » Elle était adressée à l'archevêque d'Albi, commissaire-député du clergé, premier opinant, et au comte de Mérinville, commissaire député de la noblesse et, comme tel, président de ce corps, avec l'ordre de se retirer chez eux.

Mérinville était alors à son gouvernement de Narbonne; il fut informé des volontés royales par les deux lettres qui suivent.

La première était de l'intendant Le Nain :

> « Montpellier, le 6 mars 1750.

« Monsieur le comte de Saint-Florentin, ne sachant pas, Monsieur, votre adresse, m'a envoyé la lettre ci-jointe, pour vous la faire passer, sans que je sois instruit de ce dont il s'agit; mais j'ai lieu de craindre, par celle que Monsieur l'Évêque de Montpellier a reçue, qu'elle ne contienne rien de favorable, et je ne puis qu'être fâché, dès lors, de me trouver chargé d'une pareille commission.

« J'ai l'honneur d'être, avec un attachement respectueux, Monsieur, votre très humble et très obéissant serviteur.

> « LE NAIN. »

La seconde était de Louis Phélypeaux, comte de Saint-Florentin, ministre de la maison du roi :

> « A Versailles, le 25 février 1750.

« Le Roi étant informé, Monsieur, des raisons qui ont déterminé Messieurs ses commissaires à séparer les états du Languedoc et à ordonner, de sa part, à tous les membres de cette Assemblée de se retirer chez eux, Sa Majesté m'a chargé de vous écrire que son intention est que vous vous rendiez, sans aucun délai, dans une de vos terres, et que vous n'en sortiez pas sans sa permission expresse. Je suis persuadé que vous ne manquerez pas de vous conformer à sa volonté et je vous prie de me mettre incessamment en état de lui rendre compte de votre soumission à l'ordre que je vous notifie de sa part.

« Je suis parfaitement, Monsieur, votre très humble et très obéissant serviteur.   « SAINT-FLORENTIN. »

Avec les deux membres du clergé et de la noblesse qui étaient nommément frappés, l'ensemble des états subit le contre-coup du mécontentement qui régnait à Versailles. Un arrêt du conseil d'État, rendu le 28 février, cassa leur délibération, dans ces termes :

« Les états oubliant autant leur devoir que les dispositions toujours favorables de Sa Majesté pour une province qu'elle n'a cessé de combler de ses grâces, même dans les temps les plus difficiles, et quelques membres de leur Assemblée n'ayant pas craint de sacrifier à des vues particulières... Ouï le rapport, le Roi, étant en son Conseil, a cassé et annulé toutes les délibérations prises par les états du Languedoc les 5 et 17 du présent mois, ainsi que ce qui s'en est suivi et pourrait s'ensuivre ; fait, Sa Majesté, défense à toutes personnes dénommées dans ladite délibération, et à tous autres, de les exécuter et à tous officiers et autres personnes, de quelque qualité et condition qu'elles soient, ayant pouvoir, charge ou commission, à peine de désobéissance et jusqu'à ce qu'il en soit autrement ordonné, Sa Majesté se réservant de donner les ordres nécessaires pour l'administration des affaires de la province.

« Fait au Conseil d'État du Roi, Sa Majesté y étant, tenu à Versailles le 28 février 1750. »

Avant d'avoir reçu les ordres du Roi, l'assemblée avait chargé l'archevêque de Toulouse, au nom du clergé, le comte de Mérinville, au nom de la noblesse et des barons des états, d'écrire à Sa Majesté. Mérinville s'acquitta de ce devoir difficile, en rédigeant une lettre remarquable à la fois par ses protestations de fidélité et par la sincérité de son accent.

« De Mérinville, le 22 avril 1750.

« Sire,

« C'est avec la plus vive douleur que la noblesse de votre province du Languedoc, qui a assisté à la dernière assemblée des états, se voit condamnée et punie à la face de tout le royaume, qui ne peut la regarder que comme coupable, dès qu'elle a eu le malheur d'encourir l'indignation de Votre Majesté.

« A juger, Sire, de son crime par la nature des peines qu'elle a déjà subies, on ne pourrait que former des doutes sur la fidélité qu'elle a jurée à Votre Majesté. Non seulement les états ont été séparés dans une forme inusitée ; mais la noblesse a subi la peine de l'exil, et l'arrêt de votre Conseil, du 28 février, achève de mettre le comble à sa consternation et à sa douleur, en regardant ces mêmes délibérations comme contraires au respect et à la soumission que des sujets doivent à leur souverain.

« Si la noblesse, Sire, qui forme un des premiers ordres des états de votre province de Languedoc, pouvait se reconnaître coupable d'un pareil forfait, elle se dégraderait elle-même de toutes les marques d'honneur qu'elle tient de Votre Majesté.

« Aussi est-ce la crainte que son silence ne paraisse renfermer le plus faible aveu d'un crime au-dessus duquel elle ne saurait en imaginer d'autre, qui l'a obligée de me presser de porter aux pieds du Trône ses très humbles supplications. Et Votre Majesté pourrait-elle refuser d'entendre la voix de ceux qui, animés des sentiments dignes de leur naissance, sont dans la glorieuse possession de la suivre dans ses armées et de répandre leur sang pour son service.

« Oui, Sire, l'assemblée des états, dans laquelle la noblesse tient un rang distingué, ne s'est jamais oubliée jusqu'au point de rien faire de contraire à l'obéissance qui est due à Votre Majesté. L'autorité souveraine, toujours digne du plus profond respect et de la soumission la plus entière, n'y a jamais été compromise. Les états n'ont point refusé d'accorder le don gratuit, ni de donner leur consentement à l'établissement du vingtième, et ils n'ont pas dû craindre de manquer à l'obéissance qui est le premier de leurs devoirs, en suppliant Votre Majesté de vouloir bien lever la contrariété résultant des instructions données à ses commissaires, qui les réduisaient à la triste nécessité de manquer à leur parole et à leur serment.

« La noblesse, Sire, ne rougit pas, en parlant à son Maître et à son Roi, de se faire honneur d'être esclave de sa parole. Et quelle doit être sa confiance en insistant auprès de Votre Majesté sur la fidélité qu'elle doit aux serments! Cette fidélité ne peut être séparée des sentiments d'honneur et de probité qui la distinguent plus encore que la naissance et qui l'attachent à son Roi par des liens plus étroits que les autres ordres de l'Etat.

« C'est par la force de ce serment qu'elle partage, Sire, avec les autres ordres des états, l'obligation de conserver le dépôt des privilèges que les peuples de cette province leur ont confié. Elle n'essaiera point de rappeler la suite des preuves qui les rendent si respectables. Il lui suffit d'exposer à Votre Majesté qu'elle a bien voulu les confirmer à son avènement à la Couronne, et que les peuples de cette province en ont joui sous son glorieux règne sans aucune interruption. Votre Majesté, Sire, n'a fait que suivre l'exemple de ses augustes prédécesseurs et nommément celui de Louis le Grand qu'elle s'est toujours proposé pour modèle. C'est au moment où ce prince, la terreur de ses ennemis, venait de signer le traité des Pyrénées, où il posait le fondement d'une autorité qui le rendait redoutable à toute l'Europe, qu'il donna le fameux édit qui confirme à jamais, et dans les termes les plus remarquables, les privilèges du Languedoc. Qu'il est heureux, Sire, pour cette province, de pouvoir remonter à une époque aussi glorieuse ! Et pourrait-elle aussi ne pas la rappeler avec complaisance, puisqu'en recevant alors des marques aussi distinguées de la justice et de la bonté de ce grand prince, elle n'a depuis cessé de s'en rendre digne par la soumission la plus entière, par le zèle le plus ardent, par l'attachement le plus inviolable pour le bien de l'État et le service de Votre Majesté.

« Si ces sentiments sont gravés dans le cœur de tous ceux qui ont le bonheur de vous obéir, ils le sont encore davantage dans le cœur d'une noblesse qui donnera toujours l'exemple de la soumission la plus entière aux volontés de Votre Majesté. Elle est plongée dans les plus grands malheurs, si elle continue de paraître coupable, et elle ne peut désirer d'autre grâce que celle de pouvoir approcher du Trône pour y présenter elle-même ses supplications. Sa douleur, qui ne peut être ni plus vive ni plus amère, donnera une nouvelle force aux raisons qui seront exposées à Votre Majesté.

« Mais en attendant le moment heureux où elle pourra cesser de paraître coupable, qu'il lui soit permis de renouveler, sous les yeux de Votre Majesté, les protestations les plus sincères d'un respect et d'une obéissance qui n'auront jamais de bornes ; et pourraient-elles n'être pas sincères dans la bouche de ceux qui, étant offensés du plus léger soupçon de s'écarter de la vérité, regarderaient, lorsqu'ils ont l'honneur de parler à leur Roi, la moindre dissimulation comme un parjure. Ces sentiments ne peuvent être séparés des vœux ardents que la noblesse, au nom de laquelle j'ai l'honneur de parler, forme pour la gloire de Votre Majesté. Ils ne peuvent aussi être plus conformes à la soumission sans mesure et aux profonds respects avec lesquels je serai jusqu'au dernier soupir de ma vie,

« Sire,
« de Votre Majesté,
« Le très humble et très obéissant serviteur et sujet,
« Le comte de MÉRINVILLE. »

L'auteur de cette lettre eut l'idée de la communiquer au prince de Conti, qui avait alors une grande situation personnelle à cour ; il le pria de la mettre lui-même sous les yeux du Roi.

« Monseigneur,

« La noblesse de la province du Languedoc, qui a l'avantage d'entrer aux états de cette province et qui a l'honneur d'avoir à sa tête Votre Altesse Sérénissime, prend la liberté de réclamer son secours et sa protection auprès du Roi, dans la douleur et l'accablement où elle se trouve réduite d'avoir eu le malheur de lui déplaire.

« S'il était question de tout autre chose que d'obéissance due par les sujets à leur souverain, les barons qui ont assisté à la dernière assemblée des états auraient pu regarder le silence comme le parti le plus convenable au respect et à la soumission.

« Mais ce serait s'avouer coupable du plus grand de tous les crimes que de ne pas demander au moins la permission de se justifier, lorsqu'on est condamné et puni comme désobéissant aux ordres de son Maître et de son Roi. Et s'il y a quelque ordre dans l'État qui doive en ce cas témoigner la plus grande délicatesse, c'est sans doute la noblesse, plus spécialement attachée à son souverain, et toujours en possession de donner l'exemple de la soumission la plus entière.

« Votre Altesse Sérénissime ne pourra sans doute qu'approuver les sentiments que j'ai l'honneur de lui exprimer, au nom des autres barons des états qui m'ont sollicité d'avoir l'honneur de lui écrire. C'est en leur nom que je prends la liberté de lui adresser la lettre qu'ils m'ont aussi prié d'écrire au Roi. Oserions-nous supplier Votre Altesse Sérénissime de vouloir bien la présenter à Sa Majesté et appuyer les instances que nous faisons pour obtenir qu'il nous soit permis d'approcher du Trône pour nous justifier ?

« Nous nous flattons, Monseigneur, que votre Altesse Sérénissime voudra bien s'intéresser pour un corps de noblesse dont elle est le chef, et pour une province qui ne perdra jamais le souvenir des grandes qualités et des vertus d'un prince autrefois son gouverneur, dont la mémoire sera toujours également chère et respectable aux peuples qui l'habitent. Le mémoire ci-joint donnera à Votre Altesse Sérénissime une idée exacte, quoiqu'abrégée, de ce qui fait notre crime et de ce qui doit servir à notre justification. Nous y joignons aussi l'arrêt du Conseil qui nous condamne et qui nous flétrit en quelque manière, par les qualifications données aux délibérations des 5 et 17 février. Enfin les copies de ces mêmes délibérations achèveront de faire connaître à Votre Altesse Sérénissime quelle a été la pureté de nos intentions et la droiture de nos démarches. C'est sous de pareils auspices que j'ai l'honneur d'implorer pour la noblesse du Languedoc la protection de Votre Altesse Sérénissime. C'est à la suite d'une guerre à laquelle cette province a pris tant de part, au moyen des secours de toutes espèces qu'elle a fournis, lorsque vous portiez la gloire et la terreur du nom français au delà des Alpes, qu'elle est menacée de la perte de ses privilèges, et qu'elle voit ajouter à tous ses malheurs celui de déplaire au Roi.

« Votre Altesse Sérénissime refuserait-elle, après avoir acquis la gloire d'un héros, d'en acquérir une plus pacifique, et ne serait-elle pas flattée, après avoir vaincu les ennemis de l'État, de faire rentrer en grâce auprès du Roi une province qui est animée du zèle le plus ardent pour sa gloire et pour le bien de son service ?

« Qu'il soit permis à la noblesse de la province dont j'ai l'honneur d'être l'organe de tout attendre de la générosité de votre cœur. Sa reconnaissance animera les vœux qu'elle ne cesse de former pour Votre Altesse Sérénissime. Elle égalera le profond respect avec lequel je suis,

« Monseigneur,

« de Votre Altesse Sérénissime,
« Le très humble et très obéissant serviteur,

« Le comte de MÉRINVILLE. »

Le prince de Conti ne pouvait qu'être sensible à une démarche dans laquelle on rappelait ses brillantes campagnes du comté de Nice, des Alpes et du Piémont ; d'autre part, son titre de comte d'Alais en faisait le premier personnage de la noblesse du Languedoc. Il s'empressa d'intervenir auprès du Roi, mais sans grand résultat. Voici, en effet, le texte de sa réponse :

« Versailles, le 7 mai 1750.

« J'ai reçu, Monsieur, votre lettre avec toutes les pièces qui étaient jointes. Quand j'en ai vu l'objet, j'ai eu un véritable regret de n'avoir pas été à portée de rendre à la noblesse de Languedoc des services qui eussent pu être plus grands, si j'eusse pu les rendre à temps et prévenir des événements dont j'ai été sincèrement affligé. Cependant, quelque peu favorable que le passé ait pu rendre la circonstance présente, je n'ai pas différé à implorer les bontés du Roi pour une noblesse à la tête de laquelle je me fais honneur d'être, et pour obtenir de Sa Majesté la permission de lui présenter la lettre que vous m'avez adressée pour elle ; ce que j'ai fait. Messieurs les évêques du Languedoc ont fait à Sa Majesté à peu près la même demande que lui fait aujourd'hui la noblesse. Le Roi m'a dit qu'il avait jugé à propos de différer de l'accorder au clergé et que ses intentions étaient les mêmes pour les barons. Sa Majesté m'a cependant paru disposée à accorder à la noblesse les moyens de lui faire connaître les sentiments dont vous l'assurez qu'elle est pénétrée ; mais, si Sa Majesté se détermine à accorder la même grâce au clergé, je suis persuadé qu'elle remettra en même temps à l'accorder à la noblesse de Languedoc, et, en ce cas, je présume que ce ne sera pas avant la fin de juillet. C'est avec plaisir que j'ai exécuté une commission dont la noblesse de Languedoc a voulu me charger. J'aurais désiré pouvoir faire plus pour elle, persuadé, comme je suis, du fond de ses intentions ; elle me trouvera toujours plein des sentiments distingués qu'elle peut désirer et sur lesquels elle doit compter, ainsi que vous, Monsieur, sur la sincérité de ceux que j'ai pour vous.

« Louis-François de Bourbon. »

On sait que Machault tint bon devant les doléances du Languedoc ; il obtint du roi qu'il n'y eût point de convocation des états en 1751. Les membres du clergé et de la noblesse du Languedoc ne furent admis à l'audience de Sa Majesté que dans le courant de l'année 1752 ; les états eux-mêmes ne furent rétablis que le 26 octobre de la même année, d'ailleurs dans des conditions qui limitaient les droits dont ils avaient prétendu user. Il y eut encore quelques velléités d'opposition ; puis les esprits se calmèrent. Le Languedoc était trop heureux de voir revivre une assemblée qui était l'orgueil de la province et dont il avait pu craindre à un moment la suppression.

Le comte de Mérinville continua de siéger aux états du Languedoc jusqu'à la fin de sa vie ; il mourut, à Mérinville, le 13 février 1786, à l'âge de quatre-vingts ans. Il avait siégé aux états, dont il était devenu le doyen, pendant soixante-deux années d'une manière continue. Depuis Machault, qui avait été frappé d'une brusque disgrâce, que de ministres n'avait-il pas vus se succéder au contrôle général ! En 1786, le contrôleur général s'appelait Calonne ; il vivait d'expédients. Il allait bientôt être obligé de convoquer une assemblée de notables ; c'était commencer à donner la parole à la nation. Qui sait si la banqueroute, la hideuse banqueroute, qui guettait depuis longtemps la royauté et la France, n'aurait pas pu être conjurée, le jour où le gouvernement aurait associé d'une manière effective les états provinciaux à l'administration du royaume ? Mérinville avait toujours cru au rôle que pouvaient jouer les états dont il était membre au titre de sa baronnie ; il s'était efforcé d'en convaincre le souverain. C'est ce que montrent ces documents de l'année 1750, provenant des archives du Fraisse, dont l'obligeante communication par M. le marquis des Monstiers de Mérinville nous a permis d'entretenir l'Académie.

ÉVREUX, IMPRIMERIE CH. HÉRISSEY.